AF579421
cat
kissa

rabbit

jänis

dog

koira

chick

tipu

duck
ankka

sheep

lammas

goat
vuohi

pig

sika

donkey

aasi

horse

hevonen

cow

lehmä

mouse

hiiri

bat

lepakko

bee

mehiläinen

spider

hämähäkki

fox

kettu

deer

peura

squirrel

orava

hedgehog

siili

owl

pöllö

frog

sammakko

snake
käärme

racoon

pesukarhu

parrot

papukaija

toucan

tukaani

alligator

alligaattori

sea turtle

merikilpikonna

flamingo

flamingo

penguin

pingviini

crab

rapu

jellyfish

meduusa

seal

hylje

shark

hai

whale

valas

orca

orca

starfish
meritähti

rhinoceros

sarvikuono

panda

panda

monkey

apina

lion

leijona

tiger

tiikeri

elephant

norsu

www.ingramcontent.com/pod-product-compliance
Lightning Source LLC
LaVergne TN
LVHW071205160826
845679LV00003B/755
* 9 7 8 2 3 8 4 5 7 0 8 9 8 *